BEI GRIN MACHT SICH IHR WISSEN BEZAHLT

- Wir veröffentlichen Ihre Hausarbeit,
  Bachelor- und Masterarbeit

- Ihr eigenes eBook und Buch -
  weltweit in allen wichtigen Shops

- Verdienen Sie an jedem Verkauf

Jetzt bei www.GRIN.com hochladen
und kostenlos publizieren

Finn-Ole Wulf

Bodenschätze in Entwicklungsländern. Gesellschaftliche Verarmung trotz Reichtum

GRIN Verlag

Bibliografische Information der Deutschen Nationalbibliothek:

Die Deutsche Bibliothek verzeichnet diese Publikation in der Deutschen National-
bibliografie; detaillierte bibliografische Daten sind im Internet über http://dnb.d-
nb.de/ abrufbar.

Dieses Werk sowie alle darin enthaltenen einzelnen Beiträge und Abbildungen
sind urheberrechtlich geschützt. Jede Verwertung, die nicht ausdrücklich vom
Urheberrechtsschutz zugelassen ist, bedarf der vorherigen Zustimmung des Verla-
ges. Das gilt insbesondere für Vervielfältigungen, Bearbeitungen, Übersetzungen,
Mikroverfilmungen, Auswertungen durch Datenbanken und für die Einspeicherung
und Verarbeitung in elektronische Systeme. Alle Rechte, auch die des auszugsweisen
Nachdrucks, der fotomechanischen Wiedergabe (einschließlich Mikrokopie) sowie
der Auswertung durch Datenbanken oder ähnliche Einrichtungen, vorbehalten.

Impressum:

Copyright © 2012 GRIN Verlag GmbH
Druck und Bindung: Books on Demand GmbH, Norderstedt Germany
ISBN: 978-3-656-35979-1

Dieses Buch bei GRIN:

http://www.grin.com/de/e-book/206824/bodenschaetze-in-entwicklungslaendern-
gesellschaftliche-verarmung-trotz

GRIN - Your knowledge has value

Der GRIN Verlag publiziert seit 1998 wissenschaftliche Arbeiten von Studenten, Hochschullehrern und anderen Akademikern als eBook und gedrucktes Buch. Die Verlagswebsite www.grin.com ist die ideale Plattform zur Veröffentlichung von Hausarbeiten, Abschlussarbeiten, wissenschaftlichen Aufsätzen, Dissertationen und Fachbüchern.

Besuchen Sie uns im Internet:

http://www.grin.com/

http://www.facebook.com/grincom

http://www.twitter.com/grin_com

Fach: Geographie
Wintersemester 12. Jahrgang
Schuljahr 2011/2012

Ressourcen
Fluch oder Segen für ein Land?

Eine Ausarbeitung von Finn-Ole Wulf

09.01.2012

Finn-Ole Wulf
Klasse: 12b
Gesellschaftswissenschaftliches Profil
Profil gebendes Fach: Geschichte
Profil ergänzendes Fach: Geographie

Inhaltsverzeichnis

1. Einleitung... 2

2. Ressoucen als Fluch... 3

    2.1. Die "Holländische Krankheit".. 3

        2.1.1. Ursachen.. 3

        2.1.2. Folgen.. 3

        2.1.3. Beispiel: Kanada 4

    2.2. "Bad Governance".. 5

        2.2.1. Korruption, Cliquenwirtschaft und Konflikte 5

        2.2.2. Beispiel: Nigeria.. 7

3. Ressourcen als Segen... 8

    3.1. Rohstoffe als Wachstumsmotor der Volkswirtschaft....................................... 8

        3.1.1. Staatsfonds 8

        3.1.2. Botsuana, dass Paradebeispiel für Entwicklung durch Rohstoffe............. 8

4. Fazit 9

5. Lösungsansätze 10

    5.1. Finanz- und Wirtschaftspolitische Maßnahmen... 10

    5.2. Zertifizierung und Transparenz im Rohstoffhandel 10

    5.3. Neokolonialismus in Afrika –Chinas Engagement als Chance zur Entwicklung?........ 11

6. Literaturverzeichnis 13

1. Einleitung

In meiner Arbeit „Rohstoffe – Fluch oder Segen für ein Land?" werde ich die Gründe und Sach-
verhalte, die sowohl zu positiven, als auch zu negativen Effekten führen können, erläutern. Ausgehend davon ist es mir aber auch wichtig Lösungsvorschläge vorzustellen und aufzuzeigen, dass ein
verantwortungsbewusster Umgang mit den Bodenschätzen in jeder Region dieser Welt vermehrt
ökonomisches Wachstum und Wohlstand generieren kann.

Schon 1995 untersuchten die beiden Entwicklungsökonomen Jeffrey Sachs und Andrew Warner in
ihrem Werk „Natural resource abundance and economic growth" das Phänomen, dass in Staaten mit
großen Vorkommen an Bodenschätzen häufig ein signifikanter Anteil der Bevölkerung von Armut
betroffen ist und die jeweilige Regierung es nicht vermag die Ressourcen als Katalysator für
Entwicklung und Wohlstand zu nutzen. Sachs und Warner errechneten, dass das pro-Kopf-
Einkommen der OPEC Länder wesentlich weniger wuchs, als das der Entwicklungsländer.[1] In den 90er
Jahren wuchs die Wirtschaftsleistung je Einwohner, laut einer Berechnung der Weltbank, um 17%. In
Staaten mit reichen Vorkommen an Bodenschätzen jedoch schrumpfte sie um fast 11%.[2]

Dieses Paradoxon werde ich versuchen, mithilfe von drei Beispielen, zu erklären. Zunächst werden die
Gründe dafür dargelegt, wie Ressourcen für negative Entwicklungen in Ländern verantwortlich bzw.
mitverantwortlich sind. Anhand der Staaten Kanada und Nigeria können gut die Zusammenhänge
erläutert werden, wie sowohl externe als auch interne Probleme die Rohstoffe zu einem „Fluch"
werden lassen. Als Gegenbeispiel, wie es bedingt durch „gute Regierungsführung" gelingen kann die
Bodenschätze auch als solche wahrzunehmen, wird Botsuana angeführt, eine prosperierende
Volkswirtschaft im Süden Afrikas.

Ausgehend von diesen Beispielen werde ich zum Schluss einige Lösungsvorschläge präsentieren, mit
denen es Ländern gelingen kann sich von dem „Fluch der Ressourcen" zu befreien und diese
entwicklungspolitisch nutzen kann.

Die Ausarbeitung wird dabei hauptsächlich auf Sekundärliteratur und Studien von NGOs und Think-
Tanks aufbauen. Verwendete Daten werden i.d.R. aus dem Archiv der Weltbank entnommen, um eine
hohe Authentizität zu gewährleisten.

---

[1] Natural resource abundance and economic growth, Jeffrey Sachs/Andrew Warner, 1995
[2] Der neue Kalte Krieg, Erich Follath und Alexander Junge (Hg), 2006

2.   Ressourcen als Fluch

2.1   Die „Holländische Krankheit"

2.1.1   Ursachen

Die „Holländische Krankheit" (Dutch Disease) ist die Bezeichnung für ein volkswirtschaftliches Paradoxon. Die Bezeichnung stammt aus den 60er Jahren, als vor der Küste der Niederlande große Offshore-Gasvorkommen entdeckt wurden und daraufhin die Wirtschaftsleistung sank, wenn auch im Falle der Niederlande nur kurzfristig.

Werden in einem Land große Rohstoffvorkommen lokalisiert, welche auf dem Weltmarkt stark nachgefragt werden, so beginnt das Land aufgrund von ökonomischem Sachverstand diese Bodenschätze zu erschließen, um sie zu exportieren. Der Fokus der Wirtschaftsförderung des Staates liegt nun vermehrt auf dem Rohstoffsektor, da dieser das Potential hat Handelsbilanzüberschüsse zu erwirtschaften, woraus Devisen für den Staat resultieren. Andere Sektoren wie z.b. der industrielle werden weniger gefördert. Außerdem ist der Rohstoffsektor sehr investitionsintensiv, im Gegensatz zu der arbeitsintensiven Industrie, weshalb auch private Kapitalgeber wie Banken und Investoren vermehrt ihr Kapital in diesem Sektor investieren.

Neben diesen veränderten inländischen Kapitalströmen greift aber auch ein weiterer Marktmechanismus, denn durch ausländische Devisenzuflüsse aus dem Export der Bodenschätze wird die einheimische Währung aufgewertet. Die weltweiten Rohstoffkontrakte werden zwar hauptsächlich in der Leitwährung Dollar getätigt, allerdings werden diese Devisen in dem jeweiligen Land wieder umgetauscht, so dass es zu einer erhöhten Nachfrage der einheimischen Währung kommt, welche den Wechselkurs in die Höhe treibt.

2.1.2   Folgen

Durch die Fokussierung auf den Rohstoffsektor zum einen durch die wirtschaftspolitischen Subventionen des Staates, zum anderen aber auch durch private Unternehmen beginnt eine schleichende Deindustrialisierung.

Zunächst einmal fließt das Investitionskapital von der verarbeitenden Industrie in den Rohstoffsektor, was langfristig zu einem Verlust der internationalen Wettbewerbsfähigkeit der Industrie führt. Das Kapital, was in den Abbau von Rohstoffen fließt, zieht aber i.d.R. keine Folgeinvestitionen in anderen Branchen nach sich, da die Bodenschätze wie Erdöl, Gas, Edelsteine oder Edelmetalle nicht zwingend am Ort ihrer Förderung weiterverarbeitet werden müssen, da die Transportkosten im Vergleich zu dem Wert der Materialien gering sind. Aber auch das Humankapital wird aus dem sekundären und tertiären Sektor abgeworben, da durch die hohen Profite durch die Rohstoffexporte höhere Löhne gezahlt werden können. Den dadurch entstehenden Lohndruck lässt die Wettbewerbsfähigkeit weiter sinken.

Die für die Binnenwirtschaft destruktivsten Kräfte resultieren allerdings aus der Aufwertung der eigenen Währung. Für ausländische Handelspartner werden die Produkte des Landes teurer, unabhängig von der Qualität. Die exportorientierten Wirtschaftszweige haben nun Probleme ihre Produkte auf dem Weltmarkt zu verkaufen. Wohingegen Importe, aufgrund der starken Währung billiger werden, die auf dem Heimatmarkt mit den Produkten der Binnenwirtschaft konkurrieren. Insgesamt erodiert die einheimische Industrie, da sie sowohl auf dem Binnen-, als auch auf dem Weltmarkt nicht mehr konkurrenzfähig ist. Die Arbeitslosigkeit wird langfristig zunehmen, da die Arbeitnehmer, die in der Industrie ihre Arbeit verlieren, nicht so einfach einen Beruf in der rohstoffabbauenden Wirtschaft finden werden, da diese wie o.a. weniger arbeitsintensiv ist. Die Wirtschaft eines betroffenen Landes hängt dann meist an dem Tropf des Rohstoffsektors und ist insbesondere abhängig von den Schwankungen an den Rohstoffmärkten. Sollten die Rohstoffe komplett abgebaut sein, rächt sich die strukturelle Heterogenität der Wirtschaftsbranchen, denn die einheimische Industrie ist meist so geschwächt, dass es zu einer lang andauernden Rezession kommen kann.

2.1.3 Beispiel: Kanada

Als Kanada Mitte der 90er Jahre aufgrund der steigenden Ölpreise damit begann seine Ölsand-
vorkommen zu erschließen, begannen die Marktmechanismen des Paradoxon der „Holländischen
Krankheit" selbst bei einem der wohlhabendsten und am weitesten industrialisierten Staat der Welt zu
greifen.
Kanada (24 Mrd. t)[3] hat nach Saudi-Arabien (36 Mrd. t)[4] die größten Ölreserven der Welt. Allerdings
ist das Öl in Form von Schiefer, an Gesteine gebunden und Sand, an Ton und Wasser gebunden,
schwer zu fördern, weshalb die Förderung erst ab einem relativ hohen Erdölpreis ökonomisch
betrieben werden kann. Als dies aufgrund des hohen Weltwirtschaftswachstums v.a. in den auf-
strebenden Schwellenländern der Fall war, begann man mit der Erschließung dieser Reserven.
Zunächst blieb der Wechselkurs des kanadischen Dollar zur Leitwährung, dem US-Dollar stabil, aber
als die Förderung soweit voran geschritten war, dass das Öl auch exportiert werden konnte, legte er im
Vergleich um fast 60% zu, im Zeitraum von 2002 bis 2007 (Siehe Grafik 2.1)

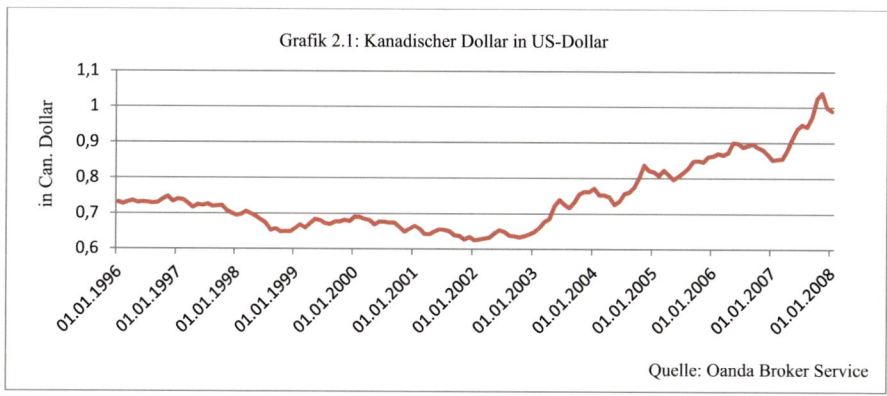

Grafik 2.1: Kanadischer Dollar in US-Dollar

Quelle: Oanda Broker Service

Der Anteil der verarbeitenden Industrie am BIP in Kanada ging seither kontinuierlich zurück (siehe
Grafik 2.2). Rohstoffexporte nahmen dagegen sehr stark zu, sodass der Bergbausektor seinen Anteil an
den Gesamtexporten im vergangenen Jahrzehnt um den Faktor 2,7 auf über 20% ausbauen
konnte.[5] Auch gingen in der letzten Dekade in der kanadischen Industrie fast eine halbe Million
Arbeitsplätze verloren, wohingegen der Rohstoffsektor nur etwa 90.000 neue Beschäftigungen
generierte.[6]

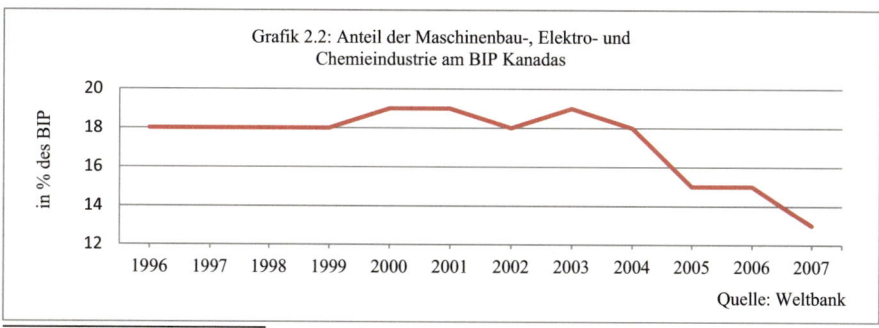

Grafik 2.2: Anteil der Maschinenbau-, Elektro- und
Chemieindustrie am BIP Kanadas

Quelle: Weltbank

[3] Energierohstoffe 2009, Bundesanstalt für Geowissenschaften und Rohstoffe
[4] Energierohstoffe 2009, Bundesanstalt für Geowissenschaften und Rohstoffe
[5] http://www.manager-magazin.de/politik/weltwirtschaft/0,2828,806238-3,00.html
[6] http://www.manager-magazin.de/politik/weltwirtschaft/0,2828,806238-3,00.html

Die Gehälter in diesem Wirtschaftszweig überstiegen die Gehälter in den übrigen Sektoren bei weitem. Ein Lkw-Fahrer verdient bereits ca. 100.000 Dollar jährlich.[7] Durch diese einseitige Ausrichtung der Wirtschaft Kanadas ist diese aber besonders abhängig von dem volatilen Erdölpreis. Sinkt dessen Preis wie in Folge der globalen Konjunkturabkühlung nach dem Platzen der Immobilienblase in den USA und der Pleite der Investmentbank Lehmann Brothers, schlägt das unmittelbar durch auf die Wirtschaftslage in Kanada. Während Volkswirtschaften, die eine Diversifikation bezüglich ihrer Wirtschaftsbranchen aufweisen und eine starke Binnenwirtschaft haben, so z.B. Japan, die Folgen des Preisverfalls der Rohstoffe nutzen konnten, um günstiger zu produzieren, konnte die kanadische Wirtschaft einen tiefen Einbruch nicht abfedern. Die Arbeits-losigkeit stieg 2009 auf 8,3 % an, während Japan nur 5% zu beklagen hatte.[8] Angesichts dieser strukturellen Probleme rät die OECD in ihrem Jahresbericht Kanada dazu, die Erträge aus dem Erdöl-geschäften in einem Fonds anzulegen, der dieses Geld vorrangig im Ausland anlegt, um zu verhindern, dass der Kanada-Dollar weiter aufgewertet wird.[9]

Kanada ist nur ein Beispiel, an dem man die makroökonomischen Probleme von Ländern mit großen Ressourcenvorkommen darstellen kann, es ist aber nicht das Einzige. Auch in Russland und einigen afrikanischen Staaten sind diese Probleme bekannt und in diesen Staaten sind wirtschaftspolitische Maßnahmen zur Milderung der Folgen wesentlich schwerer durchzusetzen, angesichts dessen, dass diese Ländern meist politisch instabil sind und über kein entwickeltes Finanz- und Zentralbanken-system verfügen.

2.2. "Bad Governance"

2.2.1   Korruption, Cliquenwirtschaft und Konflikte

Rohstoffe sind in vielen Entwicklungsländern der Auslöser für soziale Ungleichheit, autoritäre Regimes und bürgerkriegsähnliche Konflikte, nicht aber für prosperierendes Wirtschaftswachstum und daraus resultierender Wohlstand in breiten Bevölkerungsschichten. Die Gründe hierfür liegen im Wesentlichen in der schlechten Regierungsführung, angelsächsisch Bad Governance.

Blickt man auf die Historie der Staaten, die zwar über reiche Rohstoffvorkommen verfügen, aber die aufgrund von Diktaturen, Unruhen und ungleich verteiltem Wohlstand einen großen Bevölkerungs-anteil besitzen, der unterhalb der Armutsgrenze lebt, stellt man fest, dass viele von ihnen ehemalige Kolonien sind. Schon die europäischen Weltmächte erkannten in der Zeit des Kolonialismus´ im 18./19. Jahrhundert die Bodenschätze, die in den Regionen Afrikas und Lateinamerikas in großem Maße vorhanden waren. Mit Beginn der Industrialisierung und der Erfindung des ersten Ver-brennungsmotors Ende des 19. Jahrhunderts wurden auch die Gebiete des mittleren und Nahen Ostens interessant ob ihrer reichen Ölverkommen. Als nach dem Zweiten Weltkrieg jedoch die vormaligen Kolonialgebiete ihre Unabhängigkeit erklärten, sind die bisherigen gesellschaftlichen Strukturen fast vollständig durch die Kolonialherren aufgelöst worden. An die Stelle der ausländischen Okkupanten traten nun meist ehemalige Kollaborateure, die mit der Unterstützung des Militärs die Macht über-nahmen. Beispiele hierfür sind auf dem afrikanischen Kontinent Nigeria, der Kongo und Angola, in Latein-amerika Bolivien und im arabischen Raum Libyen und Algerien.
Die Machthaber verstaatlichten nun die ausländischen Ölkonzerne und Minengesellschaften, um so an die Erlöse aus dem Verkauf der Rohstoffe zu gelangen oder sie verkauften die Ölkonzessionen an Ölkonzerne aus dem Westen. In Nigeria bildete sich die Nigerian National Petroleum Corporation, in Ghana die Ghana National Petroleum Corporation und in Angola Sonangol. Zwar besitzen die großen Konzerne wie Exxon, BP und Shell Förderverträge mit diesen Gesellschaften, allerdings häufig nur als Juniorpartner. "Big Oil", wie die großen privaten Firmen auch heißen, kontrollieren weltweit gerade einmal 15% der Förderprojekte.[10] Die betreffenden Länder entwickelten sich in der Folgezeit zu sog.

---

[7] Der neue Kalte Krieg, Erich Follath und Alexander Junge (Hg), 2006
[8]Datenquelle: Weltbank
[9] Economic survey of Canada 2008, OECD
[10]Der neue Kalte Krieg, Erich Follath und Alexander Junge (Hg), 2006

Rentenstaaten. So werden Staaten bezeichnet, deren Volkswirtschaft ohne große Investitionen Erträge und Profite erzielen. Aus dieser Mentalität heraus vermeiden sie notwendige Investitionen in Bildung oder andere Bereiche des Staates, da sie auf die daraus resultierende Effizienzsteigerung nicht angewiesen sind. Weltweit werden im Durchschnitt 0,9% des BIP für Forschung und Entwicklung ausgegeben, rohstofffreie Länder unterbieten diesen Wert noch, denn sie investieren lediglich 0,2% des BIP.[11] Die Machtelite, einem Konglomerat aus Wirtschaftsmagnaten, Militärs und führenden Politikern bzw. dem jeweiligen Machthaber, ist meist nur daran gelegen ihre Machtgrundlage zu stärken, weshalb die Ausgaben im Rüstungsbereich in rohstoffreichen Staaten überproportional hoch sind (siehe Grafik 2.3). Aus diesem Grund können auch keinerlei positiven Wachstumsimpulsive für die Wirtschaft gegeben werden, da sich weder Bildung, Forschung und Entwicklung noch die Infrastruktur verbessern.

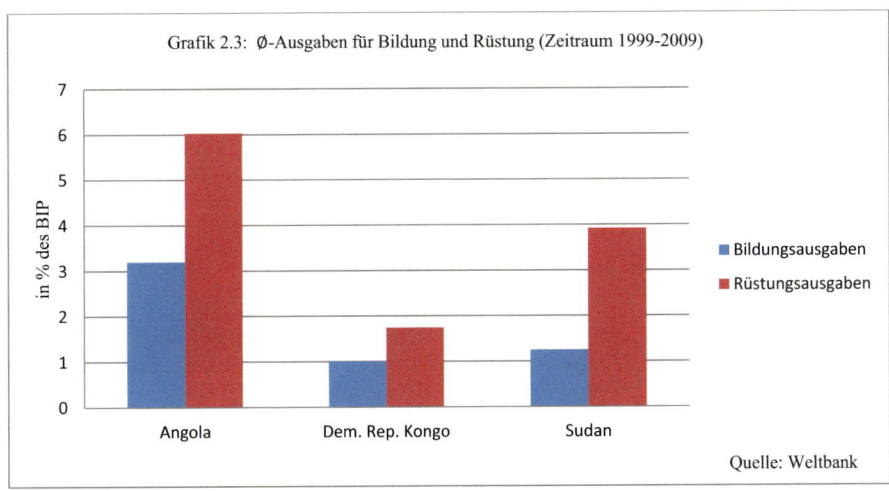

Grafik 2.3: Ø-Ausgaben für Bildung und Rüstung (Zeitraum 1999-2009)

(y-Achse: in % des BIP; Kategorien: Angola, Dem. Rep. Kongo, Sudan; Legende: ■ Bildungsausgaben, ■ Rüstungsausgaben)

Quelle: Weltbank

Die Devisen und Einnahmen aus dem Geschäft mit den Rohstoffen landen zumeist auf ausländischen Konten der Elite oder versickern in dem Sumpf aus Korruption. Die staatlichen Arbeiter und Beamte sind in den Staaten, die über reichliche Bodenschätze verfügen, sehr korrupt (siehe Tabelle 2.4). Das verhindert wiederum die Partizipation des Großteils der Bevölkerung an dem Rohstoffgeschäft, da nur kapitalstarke Gruppen sich die Schmiergelder leisten können.

Staat	Index
Angola	19,6%
Dem. Rep. Kongo	19,8%
Sudan	18,6%

Tabelle 2.4:
Der Index gibt den Wert der „CorruptionPerceptions Indices" von 2001 bis 2011 an.
100% entspricht „Korruption kaum wahrnehmbar"
0% entspricht „Korruption stark wahrnehmbar"
Quelle: Transparency International

Die sozialen Disparitäten und die Perspektivlosigkeit der z.T. jungen Bevölkerung führen häufig zu einem sich radikalisierenden Widerstand, welcher sich in paramilitärischen Milizen organisiert. Hieraus resultieren dann kriegerische Auseinandersetzungen mit dem bestehenden System und politische Instabilität. Der Weltbank-Ökonom und Professor an der Universität von Oxford Paul Collier hat errechnet, dass in einem Land mit Bodenschätzen das Konfliktrisiko eines Bürgerkrieges bei 23% liege, bei Ländern ohne oder nur wenigen Rohstoffvorkommen betrage das Risiko ein halbes Prozent.[12]Die zahlreichen bewaffneten Konflikte in den letzten Jahrzehnten in Staaten, wie z.B.

---

[11]Der neue Kalte Krieg, Erich Follath und Alexander Junge (Hg), 2006
[12]Der neue Kalte Krieg, Erich Follath und Alexander Junge (Hg), 2006

Angola und dem Kongo sind nur einige Beispiel dafür. Um diese Kriege zu finanzieren, machten sich in den Konflikten beide Seiten die Rohstoffe zu Eigen und verkauften diese an westliche Firmen. Die UNITA, eine radikale politische Partei Angolas, finanzierte den Bürgerkrieg in ihrem Land mit Edelsteinen, die den traurigen Namen „Blutdiamanten" erhielten. Im Kongo dagegen bezahlten die Rebellen im zweiten Kongokrieg um die Jahrtausendwende mit Koltan, einem Metall zur Herstellung von Halbleitern, ihre Waffen.

Rohstoffe sind also ein Katalysator für eine schlechte Regierungsführung, die die eigene Bevölkerung beraubt und die Devisen nicht für eine Fortentwicklung ihrer Gesellschaft und Wirtschaft nutzen. Im Gegenteil: durch korrupte Machteliten bilden sich große soziale Disparitäten und ein Konfliktpotential entsteht ob der ungerechten Verteilung des Wohlstands. Rebellen- und Separatistenbewegungen versuchen mit ihren Milizen die Vorherrschaft zu erringen und lösen dadurch oft Bürgerkriege und Unruhen aus. Allerdings sind die Rohstoffe nicht zwangsläufig mit der Regierungsweise der autoritären Regimes verbunden, sondern diese ist primär ein politisch zu lösendes Problem des jeweiligen Landes und muss auch von der einheimischen Bevölkerung angegangen werden.

2.2.2   Beispiele: Nigeria

Nigeria ist ein gutes Beispiel, um zu erläutern, wie trotz großen Reichtums an Bodenschätzen eine positive Entwicklung für den Staat und die Volkswirtschaft ausgeblieben ist. Zwar ist Nigeria der größte Ölproduzent auf dem afrikanischen Kontinent und exportiert etwa 5% des weltweit gehandelten Öls, allerdings sind diese Devisen nie bei der Bevölkerung angekommen.[13] Seit den Ölfunden vor mehr als 30 Jahren hat sich das Pro-Kopf-Einkommen kaum erhöht und mehr als die Hälfte der 130 Millionen Einwohner lebt von weniger als einen Dollar Kaufkraftparität am Tag.[14]

Die Gründe dafür liegen in der politischen Instabilität und den korrupten Regimes, die seit der Unabhängigkeit des Landes Ende der 60er das Land regierten. Bevor in den 70er Jahren die Ölförderung aufgrund der Ölkrise an Bedeutung gewann und Nigeria zum wichtigen Exportpartner beispielsweise für die USA wurde, waren landwirtschaftliche Güter die Hauptexportprodukte und die Landwirtschaft war im Stande die eigene Bevölkerung zu ernähren. Als sich dann aber die Symptome der „Holländischen Krankheit" einstellten, ging die landwirtschaftliche Nutzfläche zwischen 1973 und 1978 um 60% zurück.[15] Heute erwirtschaften der Ölsektor 90% der Exporterlöse.[16] Insgesamt nimmt der Staat von den Erlösen aus dem Ölgeschäft 80% ein. Allerdings gingen in dem korrupten System ein Großteil dieser Einnahmen verloren, denn Nigeria belegt seit Jahren immer einen der hintersten Plätze im Korruptionswahrnehmungsindex, aktuell den 143. von 182. Die großen sozialen Disparitäten in dem Land führten immer wieder zu Unruhen und bewaffneten Konflikten v.a. im Nigerdelta, in dem das Gros der Erdölförderung betrieben wird. Durch die häufigen Kriege und Unruhen in dem Land konnte nie langfristig in die Entwicklung von Bildung oder Infrastruktur investiert werden. Stattdessen verschlangen die Rüstung viele Milliarden Dollar.[17] Impulse für das Wachstum der Binnenwirtschaft blieben so aus.

Insgesamt lässt sich sagen, dass die korrupten Regime die Hauptverantwortung tragen für die negative Entwicklung, die Nigeria trotz seines Ressourcenreichtums nahm. Die Einnahmen aus den Rohstofferlösen wurden nicht nachhaltig genutzt und eine abgestimmte Wirtschaftspolitik gab es ebenfalls nicht.

---

[13] Energierohstoffe 2009, Bundesanstalt für Geowissenschaften und Rohstoffe
[14] http://www.auswaertiges-amt.de/DE/Aussenpolitik/Laender/Laenderinfos/01-
odes_Uebersichtsseiten/Nigeria_node.html
[15] LE MONDE diplomatique 05/2009
[16] http://www.auswaertiges-amt.de/DE/Aussenpolitik/Laender/Laenderinfos/01-
odes_Uebersichtsseiten/Nigeria_node.html
[17] Datenquelle: Weltbank

3.   Ressourcen als Segen

3.1   Rohstoffe – Wachstumsmotor einer Volkswirtschaft

3.1.1   Staatsfonds

Um die Einnahmen aus dem Rohstoffgeschäft langfristig zu investieren und um für die Zeit nach dem Versiegen der jeweiligen Quelle der Bodenschätze vorzusorgen, sind in vielen Ländern Staatsfonds gegründet worden. Mittlerweile wird geschätzt, dass im Jahr 2008 mehr als drei Billionen Dollar Anlagevermögen in diesen Fonds verwaltet wird.[18]Das Gros der Fonds wird dabei aus Erlösen aus den Rohstoffexporten gespeist. Ein gutes Beispiel, wie man verantwortungsvoll mit den Geldern aus einem Staatsfonds investiert, ist Norwegen. Als Ende der 60er Jahre vor der norwegischen Küste Öl entdeckt wurde, gründete man den Statens pensjonsfond – Norge (Staatlicher Pensionsfonds – Norwegen). Dieser sollte die Staatseinnahmen aus dem Ölgeschäft so anlegen, dass die Sozialversicherungssysteme in Norwegen solide finanziert werden. Dadurch wurde erreicht, dass Norwegen einen der wenigen Sozialstaaten besitzt, der Überschüsse erwirtschaftet, anstatt aufgrund von Finanzierungslücken Defizite. Als ein Ende der Ölvorkommen abzusehen war, gründete Norwegen zusätzlich 1990 den Statens pensjonsfond – Utland (Staatlicher Pensionsfonds - Ausland). Dieser Fonds soll zukünftigen Generationen zu Gute kommen und auch zu einer soliden Finanzierung des Staates in Zukunft beitragen. Die Verwaltung und Anlagestrategie obliegt dabei nicht den regierenden Politikern, sondern der unabhängigen Zentralbank Norwegens. Lediglich eine Ethik-Kommission wacht darüber, dass z.B. nicht in Rüstungskonzerne oder als korrupt geltende Unternehmen investiert wird. Die Liste dieser Unternehmen umfasst u.a. den deutsch-französischen Luftfahrtkonzern EADS und auch der Industriekonzern Siemens steht unter Beobachtung.[19] 2010 umfasste der Fonds ein Vermögen von ca. 400 Mrd. Euro und machte ein Gewinn von 76 Mrd. Euro.[20] [21] Per Gesetz ist es dem Fonds allerdings untersagt, mehr als die Hälfte des Gewinns an den aktuellen Haushalt auszuzahlen.[22]
Der US-Bundesstaat Alaska verfolgt ein etwas anderes Konzept, wobei auch bei diesem das Ziel ist eine größere Partizipation der Bevölkerung an den Rohstoffgeschäften zu ermöglichen. Der 1976 gegründete Alaska Permanent Fund wird jährlich durch ein Viertel der Öleinnahmen des Staates aufgestockt. Der Gewinn wird am Ende des Jahres zur Hälfte als Dividende an die Bewohner Alaskas ausgezahlt und fungiert so als Grundeinkommen. 2010 betrug der Betrag ca. 1300 Dollar.[23]

Auch wenn bei diesen Beispielen jeweils ein funktionierendes und nicht korrumpiertes politische System Grundlage der Staatsfonds war, können sie die Möglichkeiten, die sich aus einem nachhaltigen Investment mit den Rohstoffgeldern bieten, gut aufzeigen. Aber selbst in Staaten wie Singapur oder den Vereinigten Arabischen Emirate, welche zweifelsohne nicht nach westlich-demokratischen Maßstäben regiert werden, haben Staatsfonds die Entwicklung der heimischen Wirtschaft gefördert und letztlich auch das Wohlstandsniveau der Bevölkerung.

3.1.2   Botsuana, dass Paradebeispiel für Entwicklung durch Rohstoffe

Botsuana, der Zwei-Millionen-Einwohner-Staat im Süden Afrikas, hat die am schnellsten wachsende Volkswirtschaft Afrikas. Zwischen 1975 und 1999 wuchs die Wirtschaft im Durchschnitt um 10%[24], das BIP je Einwohner stieg von 200 (1960) auf 6400 Dollar im Jahr 2009 an. Dabei ist das Land

---

[18] Staatsfonds aus entwicklungsökonomischer Sicht, Die Volkswirtschaft, Monatsthema 07/2008

[19]http://en.wikipedia.org/w/index.php?title=The_Government_Pension_Fund_of_Norway&oldid=466646838

[20]http://www.focus.de/finanzen/boerse/norwegen-staatsfonds-macht-76-milliarden-euro-gewinn_aid_486986.html

[21]http://www.n-tv.de/wirtschaft/Oslo-laesst-umschichten-article965256.html

[22] Der neue Kalte Krieg, Erich Follath und Alexander Junge (Hg), 2006

[23]http://de.wikipedia.org/w/index.php?title=Alaska_Permanent_Fund&oldid=90471373

[24]DutchDisease. Ökonomische Prozesse und Implikationen für die Entwicklungszusammenarbeit, Klaus Liebig / Gerhard Ressel / Ulrike Ron, BMZ und GTZ 2008

immer noch sehr abhängig von seinen Diamantexporten, die zwei Drittel aller Exporte und ein Drittel des BIP ausmachen.[25]

Die Gründe für diese wirtschaftliche Prosperität liegen in den starken politischen Institutionen. Das politische System ist seit der Unabhängigkeit im Jahr 1966 eine Demokratie mit einem Mehrparteiensystem. Im aktuellen Demokratieindex der Zeitschrift „The Economist" belegt Botsuana den Platz 33, vor Staaten wie beispielsweise Israel und nur knapp hinter Frankreich. Darüber hinaus verfügt es über ein funktionierendes Zentralbankensystem und ist Mitglied der Zollunion des südlichen Afrikas (SACU), einer Freihandelszone u.a. mit Südafrika. Diesen Umständen ist es auch zu verdanken, dass die Folgen der „Holländischen Krankheit" fast vollständig umgangen werden konnten. Eine zu starke Aufwertung der Währung wurde dadurch verhindert, dass die Zentralbank einen wesentlichen Anteil der Devisenzuflüsse in das Land einbehalten hat, um diese antizyklisch zu investieren, d.h. z.b. in einer Phase wirtschaftlicher Rezession oder sinkender Preise für Diamanten auf dem Weltmarkt. Die Reserven erreichten Ende der 90er Jahre ein Volumen von 125% des BIP.[26] Zusätzlich wurde 1993 der Pula Fonds gegründet, ein Stabilisierungsfonds, ähnlich dem Staatsfonds Norwegens, der seine Gelder vorrangig im Ausland anlegt, um einer Aufwertung und Inflation der eigenen Währung entgegen zu wirken.

Wenn Devisen in Inland investiert wurden, dann im Bildungs-, Gesundheits- und Infrastrukturbereich, deren Ausgabe gemessen am BIP in den letzten Jahrzehnten konstant um den Faktor zwei größer waren als etwa die Rüstungsausgaben.[27]Die flächendeckende und kostenlose Versorgung mit Medikamenten zur Linderung gegen AIDS, woran ein Viertel aller Einwohner von Botsuana leiden, verdeutlicht die Qualität des Gesundheitssystems. Die Regierung Botsuanas orientierte sich bei den Investitionen stets an dem HDI der Vereinten Nationen, auf dem das Land für den Kontinent Afrika unter den besten 10 Plätzen rangiert. [28][29]

Durch die gemeinsame Handelspolitik der SACU nahm sich der Staat auch die Möglichkeit in den Handel mit den Diamanten zu intervenieren um sich daran zu bereichern. Durch eine private Partnerschaft mit dem südafrikanischen Minenkonzern De Beers entstand das Joint-Venture Debswana Diamond Company mit je 50% Anteil von Botsuana und De Beers. Die niedrige Korruption Botsuanas ist u.a. auf die Kooperationen mit privatwirtschaftlichen Unternehmen zurück-zuführen, da diese weniger korruptionsanfällig gelten als staatliche Institutionen. Im aktuellen Korruptionswahrnehmungsindex der NGO Transparency International belegt Botsuana den 32. Platz.

4.　Fazit

Ob die Rohstoff eines Landes zum Fluch oder zum Segen werden, hängt ganz wesentlich von den Institutionen des jeweiligen Landes ab.

Staaten mit korrupten Regimes, deren Machtgrundlage i.d.R. das Militär bildet, sind meist weder gewillt noch dazu befähigt, über einen handlungsfähigen Staatsapparat nachhaltige und gerechte Nutzung der Rohstoffe zu garantieren. Aufgrund ihrer Illegitimität kommt es deshalb häufig zu Kämpfen um die Bodenschätze und die daraus resultierende politische wie ökonomische Instabilität erweist sich als Haupthindernis für eine langfristige positive Entwicklung.

Zwar bürgen die Aufwertung der Währung und die hohe Abhängigkeit von dem Rohstoffsektor ökonomische Risiken und auch die Wahrscheinlichkeit, dass sich Machthaber und ranghohe Beamte an dem Geschäft mit den Bodenschätzen bereichern, ist sehr hoch. Allerdings kann es, wie anhand der Beispiele beschrieben, gelingen, den Rohstoffreichtum zu nutzen. Hierbei gibt es gerade für sich entwickelnde Länder Chancen, ihre Volkswirtschaften zu modernisieren und für den Weltmarkt wettbewerbsfähig zu gestalten. Entscheidend hierbei ist aber, dass die Handlungsinitiative von den betreffenden Staaten selbst kommen muss. Entwicklungshilfe kann hierbei nur beratend die nötigen

---

[25]Wirtschaftsreformen und Armutsbekämpfung in Afrika, Politik und Zeitgeschichte 04/2005)
[26]Dutch Disease. Ökonomische Prozesse und Implikationen für die Entwicklungszusammenarbeit, Klaus Liebig / Gerhard Ressel / Ulrike Ron, BMZ und GTZ 2008
[27] Datenquelle: Weltbank
[28]Wirtschaftsreformen und Armutsbekämpfung in Afrika, Politik und Zeitgeschichte 04/2005)
[29]Human Development Report 2011, UN

Maßnahmen und Reformvorschläge aufzeigen, sie allerdings nicht selbst durchsetzen. Die starken Institutionen und die demokratische Legitimation können nur aus der Gesellschaft selbst entwachsen.

5. Lösungsansätze

5.1 Finanz- und Wirtschaftspolitische Maßnahmen

Wie erwähnt, können aus einer überproportionalen Größe des Rohstoffsektors makroökonomische Probleme erwachsen. Das Phänomen der „Holländischen Krankheit" und eine zunehmende Abhängigkeit von den Rohstoffmärkten, die erfahrungsgemäß einer hohen Volatilität unterliegen, können mittel- und langfristig verheerende Folgen für die wirtschaftliche Entwicklung nach sich ziehen. Die Aufgabe des Staates und der Zentralbank ist es dabei durch eine strategische Wirtschaftspolitik bzw. durch eine intervenierende Fiskalpolitik einen nachhaltigen Wachstumsimpuls durch die Rohstofferlöse freizusetzen.

Um eine Verschlechterung der terms of trade durch eine massive Aufwertung der eigenen Währung und den daraus destruktiven Kräfte für die heimische Industrie zu verhindern, bieten sich für die Staaten ein sog. Stabilisierungsfonds an. Die Ausgestaltung eines solchen Fonds würde dabei der Zentralbank obliegen, die in Zeiten hoher Rohstoffpreise ihre Devisenreserven aufstocken müsste. Die Aufwertung der Währung könnte so reguliert werden und zusätzlich bestände die Möglichkeit, dass der Fonds durch Investitionen im Ausland diesen Effekt noch verstärken könnte.[30]Dieser Fonds könnte allerdings auch Investitionen in die Bereiche Bildung, Gesundheit und Infrastruktur tätigen, um so die Wettbewerbsfähigkeit der Volkswirtschaft auch nach dem Versiegen der Rohstoffquelle zu erhalten. Zu beachten ist dabei aber, dass die Gefahr einer Überhitzung bzw. einer hierauf folgenden Inflation erhöht ist, wenn in einer Phase investiert wird, in der die Kapitalzuflüsse aufgrund anhaltend hoher Preise für Rohstoffe konstant die Binnenwirtschaft unterstützen.[31]

Die Wirtschaftspolitik des Staates wiederum muss sich, um externe Schocks bedingt die Schwankungen am Rohstoffmarkt zu verhindern, antizyklisch, d.h. in diesem Fall am Rohstoffpreis, orientieren. Droht die Wirtschaft infolge fehlender ausländischer Kapitalzuflüsse zu stagnieren bzw. zu schrumpfen, müssen Konjunkturprogramme aufgelegt werden, die das Investitionsklima für Unternehmen verbessern und die Kaufkraft der privaten Haushalte erhöhen. Dazu können gerade die Mittel des Stabilisierungsfonds genutzt werden, um die Finanzierung dieser Programme solide zu gestalten.

Durch diese Maßnahmen können die o.g. negativen Auswirkungen einer Ressourcenökonomie vermieden bzw. begrenzt werden und darüber hinaus die eigene Volkswirtschaft modernisiert und für die Zeit nach den Rohstoffexporten aufgestellt werden.

5.2 Zertifizierung und Transparenz im Rohstoffhandel

Da fast alle Konflikte in rohstoffreichen Regionen mit den jeweiligen Bodenschätzen finanziert werden, finden international Bemühungen statt, die Kapitalströme der Rohstoffbranche offen zu legen, um die indirekte Finanzierung von kleptokratischen Systemen zu verhindern.

Nachdem bekannt wurde, dass in den 90er Jahren Bürgerkriege in Liberia, Sierra Leone und Angola durch sog „Blutdiamanten" finanziert wurden, kamen im Jahr 2000, nachdem der UN-Sicherheitsrat erstmals im Falle der UNITA im Angola ein Embargo über den Handel mit Diamanten verhängte, die diamantenproduzierenden Staaten des südlichen Afrikas zusammen, um über die Problematik zu

---

[30] Die wachsende Bedeutung des Rohstoffsektors für die russische Volkswirtschaft – Risiken eines ressourcenbasierten Wachstumspfades, Maximilian Müngersdorf, 2006

[31]Die wachsende Bedeutung des Rohstoffsektors für die russische Volkswirtschaft – Risiken eines ressourcenbasierten Wachstumspfades, Maximilian Müngersdorf, 2006

debattieren.[32] Dieser sog. Kimberley-Prozess beschloss 2003 das Kimberley-Prozess-Zertifikations-system (KPCS.), welches aktuell 70 Staaten ratifiziert haben, darunter fast die komplette globale Diamantenproduktion.[33] Überwacht wird die Initiative von zahlreichen NGOs wie z.b. „Global Witness" oder „Oxfam". Die Teilnehmer verpflichten sich zu umfassenden Ein- und Ausfuhr-kontrollen, sodass verhindert wird, dass Diamanten aus Krisenregionen in den legalen Handel gelangen und Gelder in korrupten Bürokratien verschwinden. Außerdem dürfen KPCS-Mitglieder nur mir anderen Mitglieder den Handel mit den Edelsteinen betreiben, damit soll die Institution gestärkt werden. Zwar lässt die Initiative verlauten, dass 2010 insgesamt nur etwa ein Prozent der weltweiten Diamantenproduktion aus Krisengebieten stammt[34], dennoch gibt es auch aktuell Länder wie z.b. Simbabwe in denen trotz Menschenrechtsverletzungen ein Embargo nicht dauerhaft beschlossen werden konnte.[35] Nichtsdestotrotz gilt das KPCS als Meilenstein auf dem Weg, die Ressourcenförderung stärker zu kontrollieren und diese an Standards, wie Menschenrechte und gerechte Verteilung zu binden.

Das Prinzip dieses Systems sollte als Beispiel gelten und auch auf andere Bodenschätze angewandt werden, etwa bei der Erdöl- und Edelmetallförderung. Wenngleich die Regulierung dieser Branchen um ein Vielfaches komplizierter durchzusetzten ist, bedingt dadurch, dass beispielsweise Erdöl eine höhere ökonomische Bedeutung aufweist und auch globaler und z.t. auch intransparenter gehandelt wird, so sollten sich zumindest die entwickelten Industriestaaten zusammenschließen und Verträge verabschieden, die Mindeststandards bei Rohstoffgeschäften gewährleisten. Der im vorletzten Jahr verabschiedete Dodd Frank Act in den USA ist ein Beispiel dafür. Gemäß dieses Gesetztes sind börsennotierte Unternehmen dazu verpflichtet der Börsenaufsicht SEC darzulegen, woher sie ihre Rohstoffe beziehen.[36] Zusätzlich müssen sie diese Informationen in Internet für ihre Kunden veröffentlichen, hierbei biete sich besonders für NGOs die Möglichkeit, diese Angaben zu überprüfen und falls von Nöten über die Öffentlichkeit Druck auf die Unternehmen aufzubauen. Auf multi-lateraler Ebene unternimmt die G20 unter der Führung Frankreichs den Versuch, die Rohstoffmärkte einer Regulierung und größerer Transparenz zu unterziehen, die allerdings aufgrund von konkurrierenden Interessen nicht durchgesetzt werden konnte. Dies verdeutlicht, dass zunächst regionalere Zusammenschlüsse wie die EU oder NAFTA vorangehen müssten, ehe die Regelungen global verabschiedet werden können.

5.3   Neokolonialismus in Afrika – Chinas Engagement als Chance zur Entwicklung?

Seit dem Aufstieg der chinesischen Volkswirtschaft, zur zweitgrößten nach den USA im Jahr 2010[37] engagiert sich der Staat sehr offensiv in der Welt, um seine wirtschaftspolitischen Interessen durchzusetzen. Dabei werden primär zwei Ziele verfolgt. Zum einen versucht China, seine Versorgung mit Rohstoffen, v.a. mit Öl, für die Zukunft zu sichern und sich durch langfristige Verträge möglichst unabhängig von Preisschwankungen zu machen, zum anderen versucht es in Afrika Absatz-möglichkeiten für seine Produkte zu schaffen, indem es mit zahlreichen Staaten Handelsabkommen vereinbart.

Um die Sicherung der Rohstofflieferung zu gewährleisten, beschränkt sich die Volksrepublik nicht bloß auf Lieferverträge, sondern wird in dem jeweiligen Land meist auch mit Kredit- und Kapital-hilfen aktiv. In Angola beispielsweise gewährte man 2005 der Regierung einen Kredit über 2,4 Milliarden Dollar, nachdem zwei Jahre zuvor der IWF selbigen versagt hatte, weil Auflagen zur Erhöhung der Transparenz und Bekämpfung der Korruption nicht eingehalten wurden. 2006 folgte ein weiterer Kredit in Höhe von zwei Milliarden Dollar. In beiden Fällen stellte die chinesische Regierung

[32] http://de.wikipedia.org/w/index.php?title=Kimberley-Prozess&oldid=95420044
[33] http://www.auswaertiges-amt.de/DE/Aussenpolitik/RegionaleSchwerpunkte/Afrika/wirtschaftEZ/KimberleyProzess_node.html
[34] http://www.zeit.de/politik/ausland/2010-11/blutdiamant-kimberley-prozess
[35] http://www.taz.de/!73327/
[36] http://www.medico.de/media/factsheet-zum-dood-frank-act.pdf
[37] Datenquelle: Weltbank

keinerlei Bedingungen. [38] Allerdings ist Angola in den letzten Jahren zu dem größten Erdölimporteur im Reich der Mitte aufgestiegen, sodass mittlerweile ca. ein Fünftel des chinesischen Öls aus Angola stammt.[39] Aber China treibt auch die Diversifizierung seiner Lieferanten voran. Simbabwe und der Sudan sind ebenfalls wichtige Partner Chinas, wobei sich bei dem Handel mit diesen z.t. diktatorisch regierten Staaten für China eine Reihe von Vorteilen ergeben, bedingt durch die Tatsache, dass die Regierung aus Peking sich nicht in innerstaatliche Angelegenheiten einmischt. Da diese Länder meist von den westlichen Staaten geächtet sind, ist China meist der einzige Handelspartner und somit die erste Wahl.[40] Und durch die Finanzhilfen machen sich die Staaten zusätzlich noch abhängig von China.

Da neben den Bodenschätzen auch die Schaffung von Absatzmärkten für China von Bedeutung ist, werden die Ressourcenexplorationen entweder direkt durch die Beteiligung von chinesischen Unternehmen oder indirekt durch Abkommen mit dem chinesischen Staat verbunden. Im Mai 2008 schloss China mit der Republik Kongo einen Vertrag, in dem Kupfer und andere Edelmetalle im Wert von 9,25 Milliarden Dollar geliefert wurde und China als Gegenleistung mit einem Joint-Venture zwischen kongolesischen und chinesischen Unternehmen mehrere hundert Kliniken und Schulen, zwei Staudämme zur Energieerzeugung, 3300 Kilometer befestigte Straße und 3000 Eisenbahnkilometer bauen soll.[41] Die Anteile in der Industriepartnerschaft liegen zu mehr als zwei Dritteln bei dem chinesischen Unternehmen. Diese lukrativen Infrastrukturprojekte sind allerdings nicht die einzigen Engagements privatwirtschaftlicher Unternehmen aus China. Besonders der Markt für billige Konsumgüter soll nach dem Willen der Regierung in Peking auf dem afrikanischen Kontinent geöffnet werden, da chinesische Produkte wesentlich effizienter und kostengünstiger produziert werden können als afrikanische. Zu diesem Zweck will Peking Freihandelsabkommen mit der COMESA (Gemeinsamer Markt für das Östliche und Südliche Afrika) und der SACU (Südafrikanische Zollunion) schließen.[42]

Mittlerweile ist das Handelsvolumen zwischen China und Afrika 2010 auf mehr als 100 Mrd. Dollar angewachsen, was eine Verzehnfachung seit dem Anfang des Jahrzehnts bedeutet.[43] Damit ist China wichtigster Handelspartner des schwarzen Kontinents noch vor der USA. Dabei hat sich die Handelsbilanz der afrikanischen Staaten, mit Ausnahme der erdölexportierenden, sehr zu ihren Ungunsten entwickelt, was bedeutet, dass v.a. China von den Handelsströmen profitiert.[44] Diese Handelsdisparitäten verschlechtern die terms of trade der betroffenen ressourcenarmen Staaten, sodass diese sich langfristig verschulden müssen. Bei den Rohstofökonomien wiederum werden durch die Importe von Fertigwaren die einheimische Industrie geschwächt und die negativen Auswirkungen der „Holländischen Krankheit" verstärkt.

Die Investitionen Chinas in Afrika sind insgesamt also keinesfalls als nachhaltige Investitionen in den Aufbau und die Wettbewerbsfähigkeit zu sehen. Sie können also keine Alternative zu den schwierigen politischen Reformen in den rohstoffreichen Ländern darstellen. Im Gegenteil: die Unterstützungen von Kleptokraten und autoritären Regimes behindern die notwendigen Reformen und die einseitigen Handelsbeziehungen belasten die einseitig ausgerichteten und schockanfälligen Volkswirtschaften, der rohstoffexportierende Staaten zusätzlich.

[38]http://www.spiegel.de/wirtschaft/0,1518,458968,00.html
[39]http://www.hss.de/fileadmin/media/downloads/Berichte/101007_SB_Ghana.pdf
[40] China in Afrika- ein ambivalentes Engagement, Karla Anger, 2008
[41]http://www.ft.com/cms/s/0/71760c20-1e2b-11dd-983a-000077b07658.html#axzz1ih2CWCX4
[42]China in Afrika- ein ambivalentes Engagement, Karla Anger, 2008
[43]http://www.zeit.de/politik/ausland/2011-10/leserartikel-china-afrika
[44]China in Afrika- ein ambivalentes Engagement, Karla Anger, 2008

6.   Literaturverzeichnis

- Erich Follath und Alexander Junge (Hg), Der neue Kalte Krieg, 2006'

- Nigeria – Macht und Ohnmacht am Golf von Guinea, Heinrich Bergstresser, 2010

- China in Afrika – ein ambivalentes Engagement, Karla Anger, 2008

- Maximilian Müngersdorf, Die wachsende Bedeutung des Rohstoffsektors für die russische Volkswirtschaft – Risiken eines ressourcenbasierten Wachstumspfades, 2006